JN419609

황혼빛 노을

황혼빛 노을

초판 1쇄 인쇄   2025년 10월 10일
초판 1쇄 발행   2025년 10월 27일

신고번호   제313-2010-376호
등록번호   105-91-58839

지은이   류영형

발행처   보민출판사
발행인   김국환
기획   김선희
편집   현경보
디자인   다인디자인

주소   경기도 파주시 해올로 11, 우미린더퍼스트@ 상가 2동 109호
전화   070-8615-7449
사이트   www.bominbook.com

ISBN   979-11-6957-398-6   03810

• 가격은 뒤표지에 있으며, 파본은 구입하신 서점에서 교환해드립니다.
• 이 책은 저작권법에 의하여 보호를 받는 저작물이므로 무단 전재와 복사를 금합니다.

류영형 시인의 두 번째 시집

황혼빛 노을

붉은 노을 서산에 걸터앉아 어둠을 재촉하고
또 다른 파란 내일을 향해 손짓한다

보민출판사

추천사

류영형 시인의 두 번째 시집『황혼빛 노을』은 인생의 깊은 자리에 조용히 내려앉은 빛을 길어 올린 노래다. 시인은 "청춘은 오래 머물러 줄 것 같았지만 어느새 등은 굽고 남은 건 세월이 내려앉은 굵은 주름과 조용히 물드는 노을빛뿐"이라고 고백한다. 이 고백은 상실의 탄식이 아니라, 인생의 황혼을 또 다른 빛으로 바라보려는 따뜻한 시선이다. 시인은 이 시집을 통해 독자에게 전한다. 청춘이 지나갔다고 해서 지금의 우리가 덜 아름다운 것은 아니며, 오히려 세월의 주름 속에 더 깊은 빛이 깃들어 있다고.

이 책『황혼빛 노을』에 담긴 시들은 자연의 변화와 삶의 굴곡을 겹쳐 보여주며, 우리 모두가 겪어온 시간의 결을 되새기게 한다.「낙엽」에서는 "인고의 시간 다 버텨내고 / 푸르름의 시간도 / 계절은 퇴색되고 익어가니"라 노래하며, 지는 낙엽 속에서도 영원으로 이어지는 길을 돌아본다.「소중한 친구」에서는 세월이 흘러도 변치 않는 우정의 힘을 담아내며, "너의 고통도 나의 고통이고 / 나의 행복도 너의 행복이다"라는 구절로 삶을 지탱하는 연대의 의미를 보여준다. 또「목련꽃 피고 지고」에서는 거친 겨울을 견디고 마침내 꽃을 터뜨리는 목련의 모습으로, 고난 끝에 다시 찾아오는 희망을 노래한다.

무엇보다 시집의 제목이기도 한 시(詩)「황혼빛 노을」은 인생의 진실을 가장 응축하고 있다. 시인은 "청춘은 가고 세월을 삼켰지만 / 황혼빛 노을 물들면 / 노년의 삶은 / 고물이 아닌 보물이 되어 가는 것"이라 말한다. 황혼은 하루의 끝이지만, 동시에 가장 빛나는 순간이며, 또 다른 내일을 준비하는 시간이다. 이는 시인이 독자에게 건네는 가장 중요한 메시지이자, 이 시집 전체를 관통하는 주제라 할 수 있다.

류영형 시인의 시는 지나온 삶을 회한으로만 바라보지 않는다. 오히려 그 속에서 길어 올린 감사와 평안을 발견한다. 청춘은 사라졌지만 마음은 여전히 봄을 품을 수 있고, 세월은 흐르지만 그 속에서 더 단단한 지혜와 성숙이 있음을 말하고 있다. 그래서 그의 시에는 끝없는 허무 대신 은은한 위로가, 마주한 고독 속에서도 다시 일어서려는 생명의 의지가 스며 있다.

  이 시집은 나이를 불문하고 모든 이에게 다가간다. 인생의 후반부를 살아가는 이들에게는 지난 시간을 돌아보는 거울이 되고, 아직 젊은 세대에게는 언젠가 맞이할 삶의 풍경을 미리 보여주는 지도와도 같다. 무엇보다 시인은 "현실 속 나와 지금의 우리는 그때보다 덜 아름답지 않다"고 조용히 속삭이며, 오늘의 삶을 있는 그대로 사랑하라고 권한다. 지친 하루 끝에 잠시 멈춰 서서, 저녁 하늘을 바라보듯 이 시집을 펼쳐본다면, 당신의 마음에도 은은한 노을빛이 번져갈 것이다.

2025년 10월

편집위원 **김선희**

시인의 말

봄의 꽃 잔치와 녹색의 푸르름이
산야를 물들이면 바람 또한 익어갑니다.
돌아보면 인생의 시간추는 빠르게 흘러갑니다.
청춘은 오래 머물러 줄 것 같았지만
어느새 등은 굽고 사진 속 웃던 얼굴은 바래지고
남은 건 세월이 내려앉은 굵은 주름과
조용히 물드는 노을빛뿐이더군요.

이 시집은 시간의 흔적들 속에서
문득 마음에 걸렸던 기억과 감정들을
조심스레 길어 올린 시어들입니다.
무언가를 성취한 사람보다
무언가를 품은 사람으로 늙어가고 싶을 뿐입니다.

청춘은 저 멀리 지나갔지만

현실 속 나와 지금의 우리는

그때보다 덜 아름답지 않다고

시를 통해 조용히 말해 보고 싶었습니다.

황혼은 하루의 끝이지만

또 다른 빛의 시작이기도 하고

탐스럽게 익어가는 보물이 되기도 합니다.

이 시집이 누군가의 가슴에

작은 노을빛으로 스며들기를 진심으로 바랍니다.

2025년 10월

시인 **류영형**

목차

제1부. 잠시 쉬었다 가는 인생

제2부. 곡성의 어느 찻집에서

제3부. 오월의 하늘 아래

제4부. 그리움은 바람에 실어 보내고

제5부. 진달래꽃 피고 지고

제1부

잠시 쉬었다 가는 인생

· · ·

어둠이 숲을 점령하면
소쩍새 울음소리 밤을 위로한다

낙엽

가을 비바람에 모질게 익어가던 낙엽
마지막 잎새도 헐떡이던
숨결에 떨어지네

인고의 시간 다 버텨내고
푸르름의 시간도
계절은 퇴색되고 익어가니
고향 같은 품속을 떠나
조용히 가야 할 길 떠나
영생으로 이어가리

높은 하늘에 구름은 솜틀을 포개고
조용히 감싸고 내려앉아 스며든다

빛바랜 낙엽은 흔적을 남기고
또 다른 이름으로 멀어져 간다

소중한 친구

험한 길 가시밭길에도
거센 눈보라와 폭우에도
따사로운 햇살처럼 환한 미소로
서로의 마음 포개고 기대어 어루만지며
뚜벅뚜벅 발맞추고 걸어갔지

일순간 폭우가 내려도
변치 않은 믿음의 손 내밀면
너의 고통도 나의 고통이고
나의 행복도 너의 행복이다

세월이 지나도 변치 않는
푸르름의 소나무가 되고
어둠을 밝히는 등불이 되면

인생의 종착역이 다가와도
두 손 부여잡고
영원한 우정으로 남으리

인연

억만 겹의 껍질 속에 갇혀 있다
무한의 시간을 거슬러 가니
실타래 꼬였던 작은 실핏줄 연결되어
끈을 이어보니 인연으로 되었나

푸른 청춘 하늘의 뜻으로 담아내었지만
세월은 파 뿌리가 되어 집어삼켰다
그림자는 드리워지고
이내 어둠은 넓게 퍼져갔다

아스라한 추억은 멀어져 가고
빛은 희미해져 간다
인연의 끈은 삭아 끊어질 듯 위태롭고
늙어감에 퇴색된 인연으로 치부한다

생은 종반전으로 가는데
추억만이 빛바랜 낙엽처럼 쌓여간다
인연 또한 퇴색된 채 저물어 가고
어쩌면 돌고 돌아 인연의 끈으로
다시 만나 새로운 희망을 노래한다

숲의 정령

숲속 깊은 골짜기에 풀잎에 맞닿은
나무들의 노래 바람 따라 날리듯
소곤소곤 들려오고
정령들은 조용히 춤을 춘다

솔내음 풀내음 동산에 소리 없는
발자국으로 남아
조용한 계곡을 타고 숲을 삼키고 흐른다

구름 사이로 햇살에 밝은 미소 머금어
빛의 그림자 떠나갈 때
숲의 푸르름은 빛나는 보석이 되고
발길 내어주고 잉태하는
숲을 지키는 파수꾼이 된다

말없이 다가와 소곤소곤 속삭임에
숲의 정령은 조용하게 숨어
살아 숨 쉰다

내 마음의 풍경소리

땅속의 흙내음 봄내음 익어가고
잉태할 생명 기다리면
조금씩 봄은 다가와 적셔간다

봄이면 피고 지는 꽃들
움트는 나뭇잎 느낄 때쯤
떨어진 낙엽 여기저기 뒹굴 때쯤
그땐 세월이 흐른 뒤겠지

때가 되면 돌아오는 계절처럼
초록의 봄 피어오르고
꽃길에 추억 쌓이면
마음속 가득 쌓인 꽃잎 뿌리겠지

마른 가지 새순 움트고 새잎 펼치면
따스함의 숨결 소곤소곤
봄꽃 향기 스며들면
내 마음도 아지랑이처럼 피어오르겠지

봄이 오는 소리

가슴속 문 열리는 소리 들리면

그때는 내 마음의 풍경소리 들리겠지

마음의 여백

잿빛 하늘에 비가 내린다
봄인 듯 여름인 듯
창가에 흐르는 물빛에 서성인다

보라색 붓꽃 위의 청개구리
내 집인 양 위장하고
뛰어오를 꿈을 꾼다

마음의 여백에 작은 연못 만들어
하얀 연꽃 띄우고
떠오른 옛 기억
주룩주룩 빗물에 흘러내린다

꿈은 어느덧 봄꽃의
마른 씨앗으로 남아
철을 잊은 봄을 기다린다

뜰 앞의 배롱나무 흔들리고
지쳐 울던 새 한 마리
바람에 몸을 실어 떠나간다

인생 로망

여행길 떠나 짧은 길 떠나는 나그네
거대한 폭풍의 비바람에 배를 타고
괴로움 슬픔과 희망을 안고 가지만
나 홀로 가는 길 외길

막막한 그 길에 등불 비추는
휜한 삶의 레드 카펫 위를
사뿐사뿐 걸으며 미소 짓는 꿈

춤추고 아른거리는 햇살에
바람 소리 속삭이듯 휘감고
함박웃음 짓는 꽃에 물든
향내음 진한
그 길 떠나가는
인생을 꿈꾼다

짧은 순간 긴 여운으로
하얗게 맴돌다 멀어진다

인내의 한계 상황

갈기갈기 찢어진 마음
차고도 넘친 현실의 화면
그날의 시계는 멈추었다
무엇이 잘못되었는가
곤두박질에 너덜너덜 찢겨진 마음

거친 풍랑에 파도는
갑판 위로 넘쳐흘러
선장은 방향키를 집어 던져
성난 민심에 깃발만 나부끼고
이성 잃은 삿대질에 욕설만 난무한다
진흙뻘 속 싸움에
기진맥진 탈진 상태에 빠지고
거짓은 그럴싸하게 진실로 포장되었다

성난 화마는 거친 바람 등에 올라타고
산과 집터를 통째로 집어삼켜
재와 뼈만 남겨
아비규환 생지옥 되어

붉은빛 잿빛 하늘에 울려 퍼진

통곡 소리 하늘에 닿았다

하늘이시여! 하늘이시여!

착한 민심 이 강산 어여삐 여기시고

노여움 거두시길

간절히 비옵니다

봄바람

목련꽃 하얗게 함박웃음 짓고
하얀 꽃잎 하나 둘 떨구어
새순 맞을 준비 한창이다

봄을 재촉하듯
듬성듬성 꽃망울 맺은 작은 나비
날아오르듯
산수유 노랗게 치장한다

해맑은 눈망울로 산책 나온 멍멍이
연신 꼬리를 흔들어 봄을 만끽하고
컹컹대며 봄나들이에 신이 났다

빠르게 흐른 시간 탓일까
아직 여울이라 착각한 것일까
벽돌에 둘러싸인 가로수 은행나무
두꺼운 갑옷을 입고 있다

봄은 겨울을 멀리 밀쳐내고

상춘객의 목에 걸친

노란색 붉은색 머플러

바람에 휘날리고

봄바람에 따스한 아지랑이 피어오르고

지쳐가는 몸을 간지럽힌다

가로등

어둠의 길목 공원길 가로등이 하나 둘
불빛은 바람에 흔들리고
밤의 적막을 깨운다

길 잃은 나그네의 작은 눈이 되고
발이 되어 빛으로 속삭인다

저녁노을 고요 속에 빛을 따라
가끔씩 지나가는 나그네의 발걸음
희미한 소리는 멀리서 들려오고

어둠 속의 고요와 적막감이
끝없는 외로움의 밤을 깨우는
귀뚜라미 소리 청아하게 들린다

변함없는 그 자리 고요 속의 밤
그 빛은 어둠 속에 더 빛나는 존재

저만큼 가버린 세월

한순간 되돌아보니
저만치 세월만 갔다
해가 뜨고 달이 지는
사계절은 같은데

꽃 피는 봄은 재촉하듯 다가오고
마음은 한겨울에 멈췄다

그리움은 가슴으로 쌓여가고
세월의 흔적들만 기억 속에
맴돈다

고향길 언덕 너머 저 산에
마음 심고 몸도 심어
애처로운 마음 달랜다

미련 남은 별빛은 차가운
눈물로 다가오고
그리움에 세월을 부른다

작은 복주머니

청춘의 푸른색
이마에 두르고
아등바등 설치고 허름한 옷차림
검은 운동화 질끈 동여매고
라인 앞에 대기 중

자식 뒷바라지 앞만 보고
달려간
그래서 최고인 줄 알았다
어쩌면 청춘은
늘 양파 같은 줄 알았다

세월은 청춘을 가둬두었다
중년의 삶은 그렇게 희미한 빛으로
누렇게 익어갔다

예순이 넘어
얼굴에 깊은 골짜기
하얀 눈꽃 피고

보는 눈과 귀 열리면
여명은 조금씩 밝아온다

삶은 익어가고
또 다른 주머니
조그마한 복 가슴 한켠에 담아
조금씩 나눠주자
아직 황혼빛 산허리에 걸쳐 있다

대원사의 아침

일주문 길옆 울창한 숲속에는
이름 모를 새들도 지저귀고
천연을 불어온 바람 소리 흩날린다

계곡 사이 흐르는 물소리
청아함은 귀를 씻겨주고
깨끗함은 굴러가는 옥구슬같이
마음까지 정화된다

경내의
대웅전과 사리전 다층 석탑
연꽃 위의 부처님 불심에
저절로 고개 숙여 합장하면
묵은 업장 소멸되는 듯하다

약수터의 물맛은 으뜸이고
계곡의 바위 뚫은 돌개구멍
시원하고 맛깔나는 음식 생각에
입맛을 자극한다

고즈넉한 산사에

지리산의 정기 품은 문구와

봄바람 소리 나부끼고

비구니 고승의 목탁 소리

깊은 울림 불심으로

나도 몰래 두 손 모아 합장한다

사월의 봄

하얀 목련은 꽃잎을 금세 떨쳐내고
그 자리에
넓은 잎을 가지런히 내민다

만개한 벚꽃은
가지마다 주렁주렁
하얗게 수를 놓고
작은 꽃봉오리 만지면
간지러운 듯 방긋 웃는다

시월의 복숭아꽃 붉게 물들면
연지 찍은 봄처녀
수줍은 듯 홍조를 띠고
키 작고 날씬한 냉이꽃 날 봐달라며
바람을 재촉한다

아름다움은 가슴에 남아 있는데
이내 노을빛 익어간다
영혼의 고향 같은 삶은

시월의 꽃향기에 취하고

시월의 봄에 녹아 숨 쉰다

갈등

거칠고 험한 낭떠러지
양 갈래 갈림길뿐
거품 문 실전에 독 오른
증오와 대립
진흙뻘 속으로 빠져든다

벽은 하늘까지 쌓아놓아
허물 수 없는
빈 메아리만 들린다

젊음의 꿈은 손에서 벗어나고
기회는 안갯속으로 묻혀진다

민심은 꼬여가고
갈등의 끝은 보이지 않는다
물결은 벽을 세차게 때리고
삶의 무게에 눌리고 지쳐간다

끝이 보이지 않는 양 길

갈라진 틈 사이 희망의 씨앗 심어

지쳐가는 영혼 벌떡 일어나

다시 깨어나는 날 기원한다

화마 녀 이놈 멈추어라

무슨 원한 쌓였는가
네놈의 못된 짓
이제 그만! 제발 그만!
푸른 숲 푸르름은 고향 산천
어머니 품속인데

하늘의 노여움 받은 화마가 날뛰니
원한의 눈물 되고 비 내려
그놈을 잡아주오
비화되어 이 산 저 산 넘나드니
숲의 생명 떠나가고
타버린 집터와 숲속의
통곡 소리 땅을 치고 진동한다

먹먹한 마음 재가 되어 흩어지고
사라져 버린 영혼마저
통곡의 벽에 사무쳐 운다

성난 바람 이제 너도 잠을 자고

슬픈 영혼 거둘 피눈물이라도
내려다오

그리하여
아픈 마음 진심 담아 두 손 모아
영혼의 넋 유족에게 위로한다

감상에 젖어

하늘은 산 아래로 내려앉고
듬성듬성
안개꽃 피어나 인사한다

사각사각 대나무 숲은 바람결에
댓잎을 스치고 귀를 간지럽힌다

풀숲의 이슬방울 맺혔다
또르르 떨어지고
또 하나의 풀잎도 따라 한다

해묵은 땅 위에 두툼한 흙집 지은
개미도
어디론가 줄을 지어 하얀 보따리
짊어지고 같은 길 다른 길
어디론가 떠난다

빈집 처마 끝에 줄 그리기 선수
긴 발에 뚱뚱한 왕거미가 기타 줄에

손을 얹어 반주를 하고

날쌘돌이 까치란 놈 감나무에 앉아
알아듣지 못할 소리 지껄이다
날아간다

하늘가에 흰 구름 두둥실 떠다니고
하얀 미소 짓다 사라진다

잠시 쉬었다 가는 인생

자연이 내어준 하늘과 땅 사이
짙은 안개 산을 감싸 안아
산새도 들꽃도 그곳에
휴식을 취한다

추억에 머물고
삶의 무게만큼
잠시 쉬었다 가는 인생
내려놓은 삶
자연 속 작은 티끌

처마 끝에 매달린 풍경
물고기 나풀대며 거드름을 피우고
금낭화 고개 숙여 등불 켜고
겸손하게 땅을 보며 절을 한다

헛간에 매어둔 송아지
오후의 햇살에 긴 하품을 토하고
긴 여운에 어미 생각난다

해거름 들판은 붉게 물들고
구름이 산을 스쳐 지나가고
어둠이 숲을 점령하면
소쩍새 울음소리 밤을 위로한다

오월의 풍경소리

작은 텃밭 사이로
느릿한 바람이 불면
가뭄에 키 작은 상추는
물을 달라 조른다

하얗게 뿌려놓은 조팝나무
태양을 향해 살랑살랑
작은 부채 손 흔들고
황폐화 살랑대는 바람에
수줍은 병아리 표정 짓는다

배부른 튤립 터질 듯 말 듯하고
배꽃 떨어지니
벌떼들 서럽게 운다
겨울가 개구리떼 시끄러운 음악회
끝난 뒤 짝을 찾아 야단법석

찌푸린 하늘에
빗방울 대지 위를 적시다 말고

변심하듯 시샘하듯

나뭇잎 사이로 햇살 새어 나오고

노을빛 수줍은 듯 비단옷 입고

석양에

오월의 봄도 익어간다

무정한 세월

세월은 얄미우리만큼 저만큼 멀어져 가고
절벽 끝에 구부정하게 꼬인 늙은 저 소나무
외롭게 지쳐가다 삭아간다

매서운 한파 살얼음 같은 순간순간
의지할 곳 없어 암벽을 벗 삼아
껴안고 모진 풍파
폭풍 한설 다 참아내셨네

보릿고개 힘든 시절 거친 세월의 흔적들만
기억 속에 아로새겨지고
질곡의 기억들만 나뒹군다

뒷골목 그 길은 막다른 길로 막혀
인적 끊긴 흔적으로만 남아
무정한 세월이 못내 서러울 뿐이다

늙은 고목 두툼한 껍질에
이끼만 감싸 안아

아픔의 기억을 애써 덮어준다

썩은 고목나무 상처에도 새순이 돋아날까?

까치떼가 나무에 걸터앉아

그리움에 서럽게 울부짖는다

제2부

곡성의 어느 찻집에서

. . .

잔잔하게 흐르는 물결 따라
다시 만날 바다를 손짓하며 기다린다

기다림

노을빛은 서쪽 하늘로 저물고
바람은 창가를 서성인다

오늘도 마음속 구름 흘러가고
그리움의 한가운데 서서
하늘을 바라본다

보일 듯 말 듯한 기다림의
조각 하나 부여잡고
말없이 묵묵히 기다린다

언젠가 다시 만날
그날을 기다리다
지친 어둠의 영혼 다가오고
말없이 바람은
창가를 서성이다 흩어진다

황계폭포

허굴산 남동 능선
발아래 암벽을 깎아 놓아
넘치는 물 계곡에 담아내고
쏟아내는 물줄기
절벽 아래 폭포수
영롱한 무지개 그려낸다

가슴 울림 쏟아지는 폭포수
천년을 이어온 암벽은
병풍처럼 둘러싸고

폭포 밑 소는
용트림의 물비늘 너울대고
운무 걷히니
떠다니듯 햇살에 춤을 춘다

흘러가는 물길 따라 인생길 가듯
이끼 낀 바위틈 키 작은 철쭉꽃 가지
물결에 흔들리고
내 마음도 물결에 띄워 보낸다

인생살이

고달픈 길 인생길
때론 상처도 남지만 아물기도 한다

청춘은 한 송이 꽃피우고 열매 맺어
그래서 늘 상록수인 줄 알았다

어느새 대로를 걷다
작은 돌 흙길을 걷다
거친 길 위에 서 있다

빛나는 꿈도 흔들리는 눈빛도
가끔은 비틀거리고 방황도 한다
희망의 끈 찾은 것은
수많은 눈물과 흔적들
거친 바람 속에 맞은 따스한 햇살

되돌아보니 나를 만드는 과정
성공과 실패 그 모든 것이
나의 일부이고 전부이다

서산의 황혼길 가깝지만

내일을 향한 발걸음

흙길 돌길 위에 서 있지만

인생길 잘 다독여

좁은 레드 카펫 깔아

나를 위로하며

나의 길 가련다

허무한 인생

청춘은 저만치 멀리 달아나 버리고
길 떠나는 나그네
먼 산 바라보며 작은 보따리 둘러메고
속절없이 그 길을 터벅터벅
발길 가는 데로 떠나간다

한 많은 세상 무정한 세월
잠시 한 번 되돌아보니
저만큼 자라버린 세월
갈 길은 멀고 길은 험하다

흘러가는 저 구름들
떠다니다 사라지고
행복했던 꿈은 신기루 같아
잠시 왔다 흩어지고
바람같이 왔다 세월은
무정하게 흐른다

찬바람 하늘길은 가깝고

되돌릴 수 없음에

허무한 삶의 끝은

눈물로 한숨으로 이어진다

늙은 물오리

몸짓은 뒤뚱뒤뚱
물갈퀴 신발 신고
종종걸음 다리도 아플 텐데
주저앉아 쉬어가렴
누웠다가 편히 쉬렴

물갈퀴 빨갛도록 노 저으니
흙탕물 목마름에 마시고
색바랜 날갯짓
듬성듬성 깃털 빠진
홀로 선 외톨이

물가의 돌멩이 위
물오리 쉬어가고
꾸벅꾸벅 졸음 몰려오니
잔잔한 물결 위 아른거린 잔상
거꾸로 비춘다

원앙새 한 쌍 힘찬 날갯짓에

홀로 선 허전한 마음

저만치 멀어져 간

젊은 날 날갯짓 떠오른다

정월 초하루

여명은 구름 사이로 얼굴을 내밀고
찬란한 태양이 사방을 비춘다

지난날 겪었던 큰 아픔 절망은
모두 뭉쳐 저 태양 속으로 던져 버리고

새로운 삶 새로운 희망을 가슴으로
가득 품고 한 해를 다시 출발한다

늘 은은한 사람 변하지 않는 사람
색동옷으로 갈아입혀 장식하고

따뜻함의 떡국 한 상 포근함의 솜털 같은 세상
정월 초하룻날 큰 복주머니 허리춤에 매고
복 가득 채워 넘치고 고소함의 향이 날리는
일상으로 이어지고

소망의 꽃 활짝 피길 기원하며
건강한 삶 살만한 세상 충만하시길

오월의 하늘

짙푸른 녹음 청명한 하늘빛
나뭇잎 굵은 힘줄 기지개 켜고
숲은 하늘을 가린다

오월의 카네이션
주름진 어머니 미소 떠오르고
보고픈 아버지
그리움은
높은 하늘 빈 허공에 맴돈다

오월의 찬란한 햇살은
온 누리를 비추고
동구 밖 정자나무 변함없는
그 자리에 서 있다

가슴에 꽂은 카네이션 환하게 웃는데
보고픈 부모님 얼굴
그리움만 아지랑이처럼 머물다
사라진다

무릉도원

철쭉꽃 헤벌쭉 웃음 짓고
연초록 가느다란 잎사귀 앙증맞다
숲길 옆 산야초 진한 향 배어 나온다

계곡의 물소리 청아하고
산도 숲도 물도 깊어
무릉도원 여기였나
숲속의 솔내음 풀내음
싱그러운 향기에 취한다

고갯마루 언덕 위 바람은
등을 밀어주고
숲속의 산새 소리 휘파람 불면
산새도 따라 불고
불쑥 나타난 고라니 인기척에
화들짝 놀라 달아난다

서산의 땅거미 내려앉아
검은 등 뻐꾸기 울음소리 멈추면

고향 마을 향수가

아련히 떠오른다

황강의 봄

굽이굽이 돌고 돌아 흐르는
황강의 물결

은빛 모래 여기저기 쌓아두고
윤슬에 비친 버들잎
사뿐히 내려앉아 춤을 춘다

청춘의 꿈 실은 마음은
물빛 따라 흐르는
연둣빛 바람에 흩어졌다 사라지고

향수의 목마름
그리움에 사무치듯
산 그림자 드리우리
청춘의 내 모습 비추다 사라진다

산벚꽃 눈처럼 휘날리고
철쭉꽃 피고 지면
황강 물빛에 몸을 실어

내 마음도 떠내려간다

떨어지는 꽃잎에

내 그림자도 떠나간다

고향길

삭풍에 눈 내리는 고향길
먼 길 돌고 돌아 기억의 보따리 가득하고
옛 추억의 온기로
설레임에 들뜨고 두근거린다

서툰 발걸음에
옛 기억은 다시 떠오르고
보고픈 친구 얼굴들은
허공을 가르며 돌아온다

먼 길 돌고 돌아
옛길을 따라 걸어보면
추억의 길이 다시 보인다

된서리 맞은 저녁노을
붉게 물들면
머지않아 다시 만날 그날이
가까이 오고
서투른 손길로 하늘을 가르며
추억 속으로 걸어가리라

해운대

동백섬 짧은 길 휘감고 돌아
붉게 핀 동백꽃은 손짓을 하고
붉게 타다 봉우리째 땅에 누웠다

지평선 저 멀리 노을빛은 밝은 옷으로
갈아입고 백사장에 부딪히는 파도는
수정처럼 맑아 옥구슬을 꿰어차고
에메랄드빛 바다는 반짝이는
보석으로 치장했다

하얀 모래성은 눈부신 빛으로
수를 놓아
천국의 공원으로 꾸며졌다

바람결에 바다 내음 밀려오면
그리움의 옛날 친구 떠올리고
짧은 고향의 향수를 채워본다

파도의 일렁임에 내 마음도 띄워 보낸다

고향의 향수

겨울 손님 끝없이 하얗게 휘날리면
가마솥 장작불에
노란 콩 구수하게 익어가고
메주 되어 길 위에 나란히 누웠다

숯불 속 고구마 검게 익어가고
쭉쭉 찢은 김치 생각
침이 고이고
마당 한켠 꿀단지 속 동치미
시원하게 익어간다

아랫목 이불 속 콩비지 익는 냄새
꼬리 꼬리 구수함이
코끝을 자극한다

굴뚝에 모락모락 연기 피어오를 때
저녁노을 석양도 저물어 간다

어린 시절 짧은 추억

향수에 잠기면

서쪽 하늘 고향 추억 아른거리고

맵지도 않은 눈시울

붉게 물들어 간다

악마의 속삭임

은밀하게 속삭이고 귓속말로
너에게만 하는 말 나만 믿어
이건 비밀이야 꼭 지켜

한 걸음 또 한 걸음 너의 말에 끌려
가식은 진실로 들려오고
귀는 오염되어 흐려져 간다

음흉한 가시는 달콤한 사랑으로
포장되어 이것이 진실이라 속삭인다

모든 것이 악마의 속삭임에
나는 그저 그 말을 믿을 뿐

끝없는 속삭임에
진실은 흐려져 가고
오염되고 얼룩져 간다

이제 그만 멈추어다오
제발 그만 멈추어다오

삶

끝없는 굴레의 속박된 마음
얼어붙은 것 같은 아픈 마음과 지친 삶
인생
어쩌면
흘러가는 구름처럼 그냥 흐르는 대로
하늘에 뜬 구름 같은 것일까?

별빛처럼 달빛처럼
흐르는 강물 위에
낙엽 된 내 마음 실어 띄워 보내
내 영혼의 위로를
내 삶의 자유를 갈망한다

초록의 꿈을 먹고 잎새에 맺힌
이슬처럼 영롱함에
내 마음을 묻어두자
그냥 가는 길 그대로 가야 되는 것

인생 정원

대지 위의 들꽃 잔치 향기에 취하고
정원의 끝자락
키 큰 옥수수 배가 부르고
수염은 검게 익어간다

넓고 푸른 토란잎 햇빛에 반사되어
이슬방울 옥구슬 되어
뭉쳤다 또르르 떨어진다

참나리꽃 마디마다
주렁주렁 염주 알 꽃장식에
선비마냥 갓 쓰고
긴 콧수염 달아 꼿꼿하게 서 있다

뒤뜰에 들국화 바람에 살랑대고
잠자리 날갯짓 비행에
꽃잎은 파르르 떨고
이별이 슬프지 않듯
다시 찾아봐 그 자리에 앉는다

개미취꽃 보라색 노란색 꽃물 들이고
꽃장식에
정원은 화려하게 수를 놓았다

달맞이꽃 노랗게 물들면
여름은 타들어 가고
풀잎은 거친 옷으로 갈아입는다

계절은 말없이 스며들어
기지개 켜고 긴 호흡에
가을을 맞이한다

곡성의 어느 찻집에서

섬진강을 중심으로 양 갈래 길옆
귀에 익은 구수한 사투리
말벗 친구 같은 정겨움이 와락 감겨온다

길옆 찻집의 따스한 차향
진한 맛 코끝을 자극하고
나그네 지친 여행길 포근하게 채워준다

가로수 벚나무 꼬물꼬물
꽃망울 부풀리고
기다림에 봄을 재촉한다

강 숲에 이름 모를 물새 날고
짝을 찾아 몸단장 한창이다

유유히 흐르는 하동 섬진강 물결
은빛 모래에 반사되어
눈이 부시게 아름답고
굽이치다 너울대고

잔잔하게 흐르는 물결 따라

다시 만날 바다를

손짓하며 기다린다

갈대

바람이 잔잔한 물결을 흔들어 놓고
귓가를 속삭이듯 맴돌다 사라진다

세월은 쏜살같이 지나가고
변치 않는 모습은 그리움 되어
영혼의 가슴으로 와닿는다

영롱한 이슬방울 햇살에 반짝이고
구름 사이로
그림자
짧은 여운 남긴 채
마음을 흔들고 떠나갔다

마른 갈댓잎 사이로
짓궂은 바람이 지나간다
또다시
마음을 흔들어 놓았다

정월 대보름

둥글고 훤한 정월 대보름달은
하늘을 지배하고
비춰진 땅의 모든 미물에게 축복을
두 손 모은 손끝에 소원 빌어
가득의 행복을 기원한다

대지 위의 속삭이듯 만물은
생명이 꿈틀거리고
모든 이의 근심 걱정
달님에게 위탁하고
두 손 모아 달님을 품는다

소망 담은 쪽지에 안녕과 풍요로
태양 기운 달 기운 가득 넘치고
사물놀이 흥겨움에 달집 태워
액운 좇아 희망의 울림 알리고

내일을 향해
정월 대보름
희망을 소망을 담는다

양심

빛을 몰아낸 뒤
어둠의 깊은 침묵 속에
나 홀로 남았다

세상이 모르는
나도 모르는 내 마음 사이에
조용히 등불 켠다

숨기지 못하는 것
세상의 빛이 아닌 내 안의 양심
이것은 잘못도 아니고
반성도 아니며
내가 나에게 주는
어둠 속의 등불 하나

어둠의 침묵보다
말없이 빛 밝히는 등불
내 안의 양심

불볕더위

뜨겁게 달궈진 돌 틈 사이로
뜨거운 바람이 쌓이고
돌 틈에 기댄 개망초 꽃잎은
아우성으로 시든다

고통 속에 숨쉬기조차 힘들고
개망초 꽃잎에
개미 한 마리 걸터앉아
발을 동동 구른다

하늘은 더 이상
자비를 베풀지 않았고
밤을 기다리는 허수아비가 되어
긴 목을 뺀다

달궈진 몸도
새벽녘 오고
시간의 이름으로 달아나고
시원한 바람을 꿈꾼다

제3부

오월의 하늘 아래

...

되돌아갈 수 없는 그 길을
말없이 힐끗 쳐다본다

오월의 하늘 아래

가볍게 흩어진 하늘 구름
바람에 야단맞고 달아난다
풀섶 나무에 앉은 직박구리
소리 높여 목청을 가다듬고

장독대 옆 물앵두 빨갛게 익어
가지마다 리본으로 장식하고
보기만 해도 군침을 삼킨다

취나물꽃 가느다란 꽃대 세워
바람개비 만들어 돌리고
들국화 하얗게 소금을 뿌려놓은 듯
살랑살랑 미소 띄우고
키다리 국화 노란 병아리 날갯짓하듯
바람에 고개를 흔든다

붉은 노을 서산에 걸터앉아
어둠을 재촉하고
또 다른 파란 내일을 향해
손짓한다

그리움

퇴색된 기억에 별빛과 달빛은
깊숙이 숨었다

그리움의 기억은 속삭이듯 다가오고
예전으로 돌아가
다시 만날 수 없는 얼굴 떠올리며
눈물방울 맺히는 것

별빛 흐르는 밤하늘 달빛 어울리면
속삭이듯 그리움의 품속에서
살며시 다가와 귓속말하겠지

바람에 실려 온 그리움의 시간
조각조각 맞춰 보는 것

잃어버린 시간 속에 그리움의 시간은
만날 수 없는 그 사람을 한없이 기다리는 것
잃어버린 기억 떠올리며 눈물방울 훔치는 것

잡념

혼탁한 머릿속은 끝없이 헝클어지고
바람에 떠도는 구름처럼
입구를 찾지 못한 채
미로 속을 헤맨다

먼지가 된 마음 길을 잃어 떠나고
작은 조각조각 바람에 실려 가고
남은 건 굳어버린 생각들
잡념의 실타래는 꼬여만 가고
다시 헝클어진다

미풍에
잡념의 응어리
먼 허공으로 날려 보내고 싶지만
내 가슴에 자리 잡아
돌멩이 된 상념만 남는다

또다시
잡념이 날 지배하는 날

바람에 실어 보내

내 마음 평화가 말없이

스며드는 날 찾아오겠지

잡념도 바람으로 날아가겠지

나그넷길

앙상한 나뭇가지 사이로
바람이 지나가다 속삭인다

먼 길 한없는 그 길 따라
흔들리는 발걸음
길 없는 산길 홀로 걷다

발끝에 차이는 돌멩이
뒷걸음질에 어둠은 밀려오고
숲길 위에 서성이는 나그네
고요한 별빛에 하늘을 본다

산허리에 걸터앉은 반쪽 달
별빛 그림자 벗 삼아
다시 그 길을 걷는다

숲속의 지배자
부엉이 울음소리 처량하게 들리고
나그네와 그 길을 동행하다

희미하게 멀어져 간다

되돌아갈 수 없는 그 길을
말없이 힐끗 쳐다본다
밤하늘에 별빛도 지쳐가는데

황혼빛 노을

먼발치에서 되돌아본 발자국
희미하게 지워져 가고

인생은 오랜 기다림 끝에
짧은 달콤함뿐
너울대며 흘러가는 강물 같다

세월이 내려앉은 손은
투박하게 거칠어 가고
삶의 회한은 깊어가는데
해는 저물어 간다

오늘도 어제와 같은 하루
알 수 없는 내일은 와봐야 안다

구불구불 다랭이논
굵은 주름처럼
땀방울 흘러내리고

청춘은 가고 세월을 삼켰지만

황혼빛 노을 물들면

노년의 삶은

고물이 아닌 보물이 되어가는 것

내 마음의 봄

얼었던 땅 차가운 바람 지나고
햇살이 비추면
따스한 아랫목 같은
내 마음속 봄이 온다

찬 서리 얼었던 마음의 겨울
타는 장작불에 태워 버리면
작은 뜰에 꽃향기 모락모락
피어오르고
알 듯 모를 듯한 감정들이 꿈틀댄다

봄꽃 향기 휘날리면
내 마음도 봄이 되어
따스한 햇살이 된다

살랑살랑 봄바람
봄꽃으로 피어나는
따스함의 봄으로
내 마음의 봄으로 스며든다

인생길

현실을 살기 위해
지난날을 가슴에 묻어두고
삶은
긴 여정 속 고난과 행복이
함께하는 롤러코스터였다

주름진 얼굴에는
세월의 중심을 담아내고
때로는 강하게 때로는 약하게
담금질해졌다

인생길도 세월의 풍파에
녹슬고 벗겨졌지만
어둠의 먹구름 지나가면
다시 햇살 비춰지듯

끝없는 여정에 작은 소망 담은
희망의 꿈을 안고
나 자신을 보듬어 본다

호수 위의 무도회장

암팡지게 솟은 의룡산
삼각 머리 용은
승천하듯 꿈틀대고

능선 아래 호수 위 물안개 피어올라
잠겼던 옛 추억 되살아난다
소 먹이고 먹 감던 아이는
세월을 친구 삼아
호수 위에 내려앉아
옛 추억 머금었다

영롱한 햇살 물안개 삼키면
드러난 수양버들
늘어진 가지에 연초록 치마 입고
바람에 나풀대면
물비늘 반짝이는 햇살에 어우러져
호수 위는 무도회장

구름이 지나가고

산 그림자 물가를 기웃대면

물오리떼 이름 모를 곳으로 날아가고

나그네의 향수만 더해 간다

내 안의 우주

서글픔의 빈 수레에 빛을 잃고
어둠의 그림자만 남고
과거의 굴레에서 벗어나지 못한다

내 안의 맺힌 찌꺼기 활활 태워
재로 만들고
맑은 정화수로 씻어볼까?
바람결에 날려볼까?

내 안의 나에게 비타민으로
다가와 위로하자

찬바람은 아픔의 이슬방울 맺히고
봄바람의 따스함은 먼발치에 있다

내 안의 우주는 빛을 잃어가고
소행성의 작은 우주는
시간을 밀어내고

내 곁의 행성들은 하나 둘
새로운 은하계로 떠났다

어색함의 벽은 앞을 막아섰고
꽃은 퇴색된 빛으로 시들어 가
내 안의 우주도 허름한 빛으로 남았다

노란 수채화

산수유꽃 빼어나게 만개하고
가지마다 뒤질세라
너도나도 피어난다

들판은 노란 물결 사람 물결
울긋불긋 옷차림에
눈이 부신 꽃이 된다

봄맞이 상춘객
미소는
한 아름 꽃이 되어
추억으로 만들고

젊은 연인 손잡고
아슬아슬 사랑놀음 한창이다

늙은 노부부
옛 추억 그리워서
두 손 꼭 모은 채

도란 도란

연신 웃음꽃 피운다

산수유 노란 나비 되어

꽃 속에 놀다

부끄러운 듯 날아간다

목련꽃 피고 지고

차가운 눈보라 거친 바람에 쫓기듯
인고의 시간 견뎌내고
잎새의 꽃잎은 그리움에 목말라

마침내
목련은 순한 솜털 구름 모습으로
잠시 머물다 떨어진다

넓은 잎은 가지를 풍성하게 받쳐주어
생을 푸르게 단장하고
절정으로 치닫고
가을의 낙엽까지 이어준다

부딪쳐 상처 난 그 자리
생채기 벌거벗은 몸 아물어 단단해지고
또다시 봄을 그리워한다

미소 띤 우아함 흰 백의 순수함
짧은 순간

그리움의 그날들

따사로운 햇살에 꿈틀거리는

추억은 상념 속의 꽃으로 머물렀다

장터

발 디딜 틈 없는 장터는 시끌벅적하고
웃고 울고 장터 안에
삶은 모두 펼쳐져 있다

알록달록 지퍼 달린 돈지갑에
꼬깃꼬깃 돈 빼어 계산하고
거스름돈 야무지게 구겨 넣고
가는 길 간혹 어깨 부딪히기도
밟기도 밟히기도
하지만 아무렇지 않다

일상의 피로는 국밥집 막걸리
한잔 술에 꿀꺽 삼키고 배부름에
세상 시름 한순간 잊는다

늘 삶은 울퉁불퉁한 길이었기에
콩나물시루 물 주듯 일상은 단순하다
때 묻은 돈 때 묻은 손
일상은 때를 묻히고 삶을 사는 것

늘 일상은 때 묻히고 씻겨지고

돌고 도는 쳇바퀴를 돈다

나도 그 안에 쳇바퀴 돌리며

파랑새를 키운다

겨울연가

차가운 바람은 스쳐 지나가고
그리운 마음속에 감춰진 사랑은
언제나 내 안에서 꼼지락대며
따스함의 온기로 남아 있다

그리움의 기억이 차곡차곡 쌓이면
한 걸음 두 걸음 시린 겨울 속에도
따스함의 기억으로 품어
변함없는 내 마음의 보석으로 남아
찬란하게 빛날 거야

시린 겨울 지나 봄이 오면
사랑의 꽃으로 피어나
아름답게 빛날 거야

둘이서 하나 되어
내 안에서 빛나는 보석으로 남을 거야

찔레꽃

개울가 덤불 속 하얀 옷 갈아입고
작은 얼굴 엷은 미소
은은한 여운 머금고
한 움큼 그리움으로 다가온다

까칠한 가시 달아 절개 지킨 꽃이여
산들바람 꽃잎은 다정한 연인처럼
어머니 품속처럼 포근하게 감싸고

소담한 꽃봉오리
추억으로 피어나고
덤불 속 고운 자태
저 산 너머 바람 불면
향수 품은 찔레향
가슴으로 스며든다

바람에 떨어지는 꽃잎
나비처럼 날아가면
고향의 향수
내 마음 곁으로 다가온다

달빛 그림자

은하수 물결이 밤하늘을 가른다
별빛은 달빛과 어우러져
어둠의 굴레를 벗고
그림자 안고 뒹군다

달빛 그림자 속에 내 모습 숨기고
어둠이 머무는 곳에
시간도 머물 듯 별빛도 쉬어가고
구름 사이로 바람이 일렁인다

달빛 그림자 아래
어둠 속 바람에 몸을 맡기고
달빛과 별빛 속삭임에
손을 내민다

달그림자 나를 감싸고
별빛은 은하수 물결 빛으로 흘러
달빛과 그림자 되어 속삭인다

마음은 청춘

바람처럼 지나간 세월은 갔지만
변치 않는 마음은 청춘이고
추억 속의 사프란꽃은 피어나
구름 속으로 청춘을 담아
띄워 보낸다

주름진 얼굴은 골짜기 파여도
청춘의 열기는 다시 뜨겁고
그리움의 기억은 살며시
속삭이듯 다가온다

길 위의 발자국은 바람에 지워져도
나이는 숫자를 더한 허수아비일 뿐
세월이 또 지나고
구름 흩어져도
내 안의 불꽃은 꺼지지 않으리

살다 보면

살다 보면 방황하기도
어설프게 실수하기도
때론 훈훈함이
아지랑이처럼 피어오르기도 하지

어둠 속 마음은
밝은 빛 속에서 찾으려 애쓰고
바람처럼 지나가는
허무한 꿈일 수도 있다

살다 보면 힘든 고비의
순간순간마다
내일은 오늘보다는
더 나은 꿈으로

살다 보면 어정쩡한 미래는
염려하기보다는
지금 할 수 있는 것을
찾아 매진하는 것
그래서 행복했으면

목련이 피기까지

그렇게 추웠던 긴 겨울
거친 옷 한 벌 걸쳐 입지 않고 차갑게 언 몸

눈보라 벗 삼아 언 땅속 친구 삼아
용하게 견뎌냈구나
껍질 두꺼운 봉오리 감싸고
무수히 지난 세월

진통하듯 산통의 아픔
인고의 긴 시간 기다려
마침내 양수 터져 부끄러운 듯 꽃봉오리
하얀 속살 젖가슴 드러내고
우아한 자태로 거듭 태어났다

봄을 기다린 보람 아!
순백의 고귀함
눈부신 이름으로 당신은 더욱 빛난다

뭐 이래

관용이란 포장지는 거품으로 흐르고
강물은 오염되었다

농장의 울타리는 삭아 무너지고
옳고 그름은 혼돈으로 탈선했다

강물은 거꾸로 흐르고
물고기는 거슬러 올라갈 힘을 잃었고
시곗바늘은 충전 없어 멈춰 섰다

불의는 정의를 파괴하고 깃발만 놓고
소한이는 대한이의 으름장에
무릎을 꿇어
청심환을 먹어도 가슴은 떨린다

법은 밥상으로 바뀌고
상처 난 몸은 종기도 고름도 생겼다

바늘에 찔린 풍선은 바람 빠지고
희뿌연 먼지 날려가니 시야가 좋아진다

회상

세월의 벽을 넘어
추억은 그리움을 낳아
나를 되돌아본다

추억 속의 슬픔과
아련한 기억은
아지랑이 피어나듯 맴돌고
무지갯빛 그때로 돌아가고 싶다

추억은 빛나는 별처럼 주마등처럼
그리움으로 남아 미소 짓지만

다가갈 수 없는 향수로만 남아
마음속에 흐른다

제4부

그리움은
바람에 실어 보내고

. . .

이제는 그리움만 바람에 띄우고
살며시 너를 보내련다

민심의 봄은 오는가

갈라진 진영

진달래 피는 봄은 왔는데

마음은 한겨울 칼바람에

회오리바람 몰아치고

과거에 머물러 있다

정의는 무엇인지

민심은 탈선하고 대못질에 멍이 들고

미꾸라지는 진흙뻘 속으로 사라졌다

그림자는 어둠을 짙게 드리우고

희망은 퇴색된 낙엽처럼 여기저기 흩어졌다

일상의 삶은 갈기갈기 찢어지고

화면은 똑같은 말만 되풀이한다

화마는 삶터를 집어삼키고

허망한 망자는

잿빛 하늘 영혼으로 떠났다

숯검정이 된 마음 재가 되어

흩어지고 피눈물은 강이 되어
흘러넘친다

봄이 오는 소리 들리는가
상처 난 자리 아물고
무거운 짐 내려놓은 시간
가까운 곳에서 희미하게 들려온다

바람에 추억 싣고

세월은 바람에 구름 따라 흘러갔다
기억은 추억 속으로 새겨지고
낙엽 된 가지에도 푸른 잎 돋아나
계절은 봄을 알린다

텃밭에는 납작 엎드린 채
파랗게 와글거리는
달래 냉이 봄나물
바구니 가득 채우고
봄나물 손맛에 입은 호사를 누린다

아궁이 불길은 굴뚝으로
입김을 품어내고
긴 여운 온갖 시름 태운다

산허리에 걸터앉은 안개구름 지나고
돌담에 얼기설기 담쟁이 푸른 잎
받쳐 감싸 안아 쪽빛으로 단장한다

대숲의 산비둘기 한 소절 노랫가락

서글프게 울고

바람에 대숲이 흔들린다

굴뚝에 하얀 연기

추억으로 피어났다

바람결에 사라진다

감정이입

지인의 노모가 떠나셨다
애끓는 설움과 한을
가슴에 꾹꾹 눌러 담고

내 슬픈 마음 그곳에 멈췄다
표현 다 못할 슬픔과 이별이
내 가슴 깊숙하게 맺혀오는 듯하다

슬픔은 그의 것만이 아니라
그를 알고 있는 지인의 것
우리 모두의 아픔과 슬픔
이 또한 너와 내가 아닌
서로가 공감하고 있다는 걸 안다

그대의 아픔은 내게 적셔오고
조금은 덜 아프고 행복하길 바라며
내가 그대의 아픔을 함께할 수 있다면
한순간
모두의 파랑새가 될 수 있을 거다

벚꽃 엔딩

하얀 눈꽃 송이 촘촘하게 수놓아
가슴에 안기더니
한 잎 두 잎 바람에 실려
떠나간 순간
시간은 멈춘 듯하다

짧은 봄 꽃길 속 이야기
마음속으로 녹아들고
꽃잎은 바람에 흩어지고 떠나갔다

봄의 속삭임에 바람은 훼방꾼
뒹구는 꽃잎을 쓸어 버리지만
벚꽃이 남긴 이야기는
추억 속으로 다시 피어나고

벚꽃 엔딩
잠시의 이별에
우리들 마음은 따뜻한
추억으로 서로를 기억한다

느티나무

아름드리 느티나무에 바람이 분다
뿌리는 땅속을 지배자로 호령하고
가지 줄기 더 놓게
지붕을 이고
새들에게 분양하고 둥지를 만들었다

추억 속의 그림자 짙은 녹음 드리우고
곰방대 물던 어르신들
어디로 다 가셨나

아름드리 몸통은 비어 있고
덧없이 흘러간 세월에
인적은 찾을 길 없지만

어쩌면 변해 가는 삶의
끝자락 부여잡고
그리움은 향수로 남아
느티나무 그늘 아래 혼잣말로 중얼댄다

봄꽃이 피면

봄바람은 향기로 가득 실려 오고
노을빛에 붉게 물든 빈 가지 사이로
햇살은 따사롭다

차디찬 겨울 가로질러
봄날은 성큼성큼 다가오고
아지랑이 피어나
눈을 간지럽힌다

꽃망울 부끄러운 듯 고개를 숙이고
햇살에 고운 얼굴 숨기도 하지만
너도나도 다시 피어나

새로움의 꽃바구니
그윽한 향기 담아
살며시 내밀고
꽃망울 터트려
환한 미소 짓는다

부고장

소중했던 삶은 잿빛 하늘의 그림자 되어
어둠으로 묻혀 떠나가다
빛나는 별빛 속에 잠이 들고
잔잔한 바람 되어 그리운 사모곡으로만 남았다

힘든 여정 때로는 후회 없는 삶도
많은 추억도 그리움도 남기셨지
그 기억의 필름 속 순간순간은
따스함의 온기로도 남았다

기쁨도 슬픔도 삶은 늘
망각으로 떨구어 내지만
다시 만날 그날 위해
그 길이 외로운 길이 아니기를

마음속의 빛으로 비춰주고
언젠가 다시 만날 그날을 기원한다

불멸의 밤

어둠의 그늘이 더할수록
가슴에 남은 별은 떠나고
서러움의 그림자
더 깊게 드리운다

삶은 거친 영혼만 맴돌고
힘겨운 발걸음 어둠 속에서
변죽만 울린다

삶은 죽어가는 과정의 시간표
다시 돌이킬 수 없는 과거
사라진 숨결에
다시 떠도는 영혼의 이름만 울린다

불멸의 밤
찰나의 순간
수많은 영혼의 교감
끝없이 이어가고
하얀 밤 또다시 이어간다

사월 어느 날

봄은 왔는데 봄이라
부르지 못한 까마득한 날들
어둠의 길바닥 목 놓아 외치던 날

불멸의 밤 지나고 약속의 그날에
진실의 외침 전해지고
먹먹함의 평화가 찾아왔다

까칠하던 사내는 어둠 속으로 떠나가고
곧이어 함성은 눈물 되어
가슴에 와닿았다

흔들리는 지축에 갈라진 땅 메우니
가느다란 뿌리를 내린다

봄바람 꽃바람
역사의 물줄기
이젠 빛으로 밝히는 세상
봄을 노래하는 함성 울려 퍼진다

흰 구름 두둥실 솜사탕처럼 떠 있고

쌍무지개 하늘에 걸쳐있어

순풍에 배 띄워 노를 저어간다

그리움은 바람에 실어 보내고

긴 세월
가두었던 너를
이제는 살며시 바람에 띄운다
사계절은 이순을 훌쩍 넘겼는데
가슴에 아직 너를 감추었지

가슴에 담아 두었던 말
바람은 나를 흔들고
잊으려면 더욱 떠오르는
너의 모습 아른거려
아픈 가슴 무너졌지

이제는
그리움만 바람에 띄우고
살며시 너를 보내련다
이별의 슬픔보다
그리움의 애틋함 배우면
되는 거겠지

긴 세월 머물던 그 자리

그리움 차곡차곡 접어

다시는 꺼내지 않겠지

멀어져 간 세월

그리움에 너를 가두었던 시간

바람에 훨훨 날리고

먼 하늘 바라볼 뿐이야

빛과 그림자

빛은 따스함이 스며드는 마음속
보석이라면
그림자는 그 빛을 따라가는
친구 같은 존재이다

시간 속에 파묻힌 일상 속
그림자 속에 빛을 찾아
삶의 뒤안길을 헤아린다

밝은 빛 뒤에 한순간 빛은 꺼져도
그림자는 삶을 아우르고 감싼다

또한 삶의 그늘 속에
빛은 서로 비추고
그림자는 빛을 감싸고
삶을 아우른다

사월의 끝자락

늦은 햇살 긴 그림자 드리우니
꽃잎 떠난 자리 연초록 자리 잡고
날리는 봄 꽃잎 그리움만
추억 속에 남았다

초여름 성큼 기대고 다가와
다시 초록 옷 걸쳐 입고
남은 봄을 밀쳐내고
새롬으로 입장한다

바람이 햇살을 다독이며
시간은 바람처럼 스쳐 간다
먼지 되어 흩어졌던 상념들
하나 둘 모여들고
조금씩 가슴에 담아둔다

사월의 끝자락
흔적만 남은 너를 뒤로하고
이별 뒤 새롬의 만남 위해
다시 처음을 배운다

마음이 아파도

외로움이 바람처럼 밀려오면
검은 비가 차갑게 내린다
내리는 찬비 내 눈물일까
내 마음의 무게일까

삶의 무게에 어깨가 무겁다
일상의 지침에 삶은 흔들린다
바람처럼 흩어졌다 모였다
반복되는 일상이 파도처럼 일렁인다

시간이 지나면
비바람 그치고
하늘가에 환한 무지개 비추면
그때는 함박웃음 짓겠지

내가 나를 다시 보고

어디쯤 왔나 되돌아본다
보이지 않았던 길
막막했던 그 시절

멈춘 발자국 먼지가 되어 흩어지고
주마등처럼 피어났다 사라지고
자욱한 안갯길 더듬더듬 기어왔다

어제의 흠결도 나의 흠결
오늘의 거친 숨결도 나의 숨결
보일 듯 말 듯한 거울 앞에 섰다
흐릿한 영상은 이어졌다 끊어지고
낯선 내 모습 이어진다

잠시 쉬었다 가는 나그네처럼
나는 나를 옆에서 지켜보고 있다
나를 처음처럼 보고 사랑하자
나를 애인처럼 보고 사랑하자

아카시아 피는 길목에서

오월의 숲길 모퉁이
따스한 햇살에 아카시아꽃
피어나고

하얀색 소복하게
방울방울 꽃잎은 내려앉아
추억의 향기에 취하고
꽃잎을 따먹던 어릴 적
시간으로 멈추었다

소먹이고 꼴망태 짊어지던 시절
손끝에 닿을 듯 닿지 않던 시절
그마저도 안 되면
나무 위로 오르던 시절

마음은 꽃잎 되어 흩날리고
그리움에 아카시아꽃
주렁주렁 입술은 열린다

달콤한 향기 피어나는

오월의 길목에서

고향마을 그리운 친구 얼굴

떠올린다

노년의 꿈

문전옥답 논두렁 밭고랑은
잡초에 잡목만 우거지고
풍상의 긴 세월 굵은 주름
훈장처럼 남았지만

옛이야기
눈가의 미소처럼 피어나고
어제 같았던 오늘도
세월의 굴레 속으로 숨었다

바쁘게 간 세월
아쉬움에 되돌아볼 수 없지만
잠시 쉬었다 바라본 세월
꿈결 같은 아름다운 꽃이었다

파란 하늘 아래
초록 잎 연둣빛으로 물들면
노년의 꿈은
사라지는 것이 아닌
깊은 맛으로 숙성되어 가는 것

여름과 한 몸

뜨거움은 더 익어가고 타들어 갈수록
풀잎도 숨죽이고 헐떡인다

농익은 태양은 푸른 잎의 느티나무
가지에 붙은 매미도 목청이 쉬도록
하모니 음을 이어가고
촘촘하게 눌러앉아 수다를 떤다

고향 떠난 큰 아기
그리움에 애틋함을 노래하고
길 떠난 나그네 설움에 목 놓아 운다

따가운 빛은 그림자 뿌리치고
매미 울음소리
여름을 한 몸으로 태운다

오월의 향기

해당화 붉은 꽃
입술에 연지곤지 찍어 바르고
찔레꽃 소담스럽고 하얗게 뭉쳐 피어
꽃과 나비 입을 맞춰
정분난 듯하다

숲속의 검은 등 뻐꾸기
음률에 맞춰 노래 부르고
바람 소리 새소리 청아하게
귀를 간지럽힌다

산허리에 안개 피어나고
구름은 하늘을 털어
연이어 주룩주룩 대지를 적시면
가지색 붓꽃 비를 머금어 쏟아내고
작약꽃 피다 오그리다
짧은 휴식에 꽃잎을 다물었다

대지는 촉촉하게 적시고

아름다움과 깨끗함으로 씻겨

작은 천국을 만들었다

가면

몸통은 웅장한 군웅들
누구라도 알만한 인물
낮엔 까마귀였는데
밤엔 백로

발등이 찍히고 나서야
짝퉁이었음을
늦게 깨닫는다

수많은 가면을 바꿔 쓰고
속고 속이고
가면 속에 감춰진 음흉한 그림자
달콤한 속삭임에 믿었던 순한 양

가면이 벗겨지자
진심의 얼굴에 추악한 얼굴 겹쳐
그 모습 선명하게 보이네

가면 속

가식이 아닌 진실로

마음의 천사로 거울을 달아

비춰진 모습으로 볼 수 있었으면

그리움은 숨결처럼

그리움은
내 가슴 깊은 곳에 자리 잡아
저녁노을 하이얀 뭉게구름처럼
산야의 개망초꽃처럼
돌보지 않아도 따스함으로 피어나고
여린 가슴 살며시 젖어 들어요

가버린 시간 잡을 수 없어도
문득 그때의 추억
그때의 그리움
마음으로 되새기면

그리움은 잃어버린
세월을 탓하며
아무 일 없다는 듯
묵묵히 살아가요

하지만
떠나지 않는 그림자

숨결처럼 내 곁에 남아

그리움이라는 가면을 쓰고 있어요

제5부

진달래꽃 피고 지고

. . .

속삭이듯 내 마음 흔들어 봄의 향기로 남겨놓고
피고 또 지는 꽃잎 되어 그리움으로 다시 피어난다

옛날 그 옛날에

겨울밤 뒷마루 옆
굴뚝에 모락모락 연기 피어오르면
어둠 속 호롱불 하나 둘 켜지고
고목 느티나무 위
밤마다 부엉이 무섭게 운다

화롯가 도란도란 둘러앉아
할머니 옛날이야기
하나 둘 끄집어내고
할머니 얼굴 굵은 주름처럼
쌈지 주름 속 쪼글쪼글
알밤 가득 차 있고
옛날이야기 익어가고
알밤도 익어간다

도깨비는 달빛 속에 날아다니며
불춤을 추고
귀신은 하얀 소복에 피를 흘린다
무서움은 문풍지 바람 소리에

이불을 뒤집어쓰고 오금이 저려온다

달빛 그림자 기울고
별빛도 하나 둘 사라지면
할머니의 옛날이야기
꿈결처럼 끝이 나고
달도 별도 잠이 든다

우울한 날

어제와 오늘 긴 침묵만 흐르고
창문 밖은 고요한 정적만 맴돌고
식어버린 마음에 초침 시계만 돈다

시집을 넘긴 책갈피
지나간 시간 담지 못한 이야기
하얀 먼지 쌓이고
정리하지 못한 상념들만 헛돈다

무엇을 해야 하는데
손에 잡히지 않아
무너져 버린 내 마음 위로해 보지만
어두운 생각만 맴돈다

너 지금 뭘 하니 하고 물어줬으면
그 물음에 술 한잔하자며
달려갔을지 몰라 괜찮아
흩어지기엔 아직 남아 있는 게 많다

멧돼지 우리에 갇히는 날

야생의 진흙 펄에 모기떼가 윙윙 울고
자욱한 안갯길을 걷다
막다른 길 기다리는 건
외로움과 어둠 속 사각의 쇠창살

모두가 지나가는 그 길에
다른 길을 걷다 합류하는 길 속에서
떠들다가 잡히게 된다

험상궂은 주둥이 날카로운 발톱
잠시 벗어나 도망가지만
불안 속 위험 속에 괴성을 지른다

흔적으로 남은 거친 발자국에
군데군데 털이 빠져 있음이
되돌아보지 마! 외침에
또다시 되돌아본다

사각의 쇠창살에 갇히는 날
마른하늘에 번개가 내리친다

공허한 마음

파란 하늘
흰 구름 떠돌다 어디론가 사라지고
바람도 쉬어가듯 잠잠한 하늘

멍한 가슴 아무것도 없는 공간
나를 찾기 위해 초점 흐린 눈으로
이곳저곳 응시한다

빈 허공
세상의 빛도 마음도 흐려지고
안주하고 싶은 곳 없어
끝없이 헤매는 무의식의
우주 공간 속 작은 티끌

찾고자 하는 의미도
텅 빈 공간 속에서
빈 공간을 채워주는 건
기억 너머에 추억만 자리 잡고

햇살이 눈부시게 비추는 날

오직 내 진심을 좇아

끝없이 찾아가는 길

일상

노을빛 하늘은 붉게 익어가고
여러 갈래 햇살은 빛으로 내려앉아
스산한 바람은 휘감다 사라진다

조용한 저녁 어둠으로 물들면
시간은 그 속에 녹아들고
살며시 흑빛 물감을 칠한다

일상은
흐르는 구름처럼 흘러가고
짧은 여운 긴 하루

창가에 서성이던 바람에
불빛만 고개를 떨구고
밤하늘의 별을 깜박인다

고독과 사색

어둠은 깊고 별들마저 빛을 잃었다
어둠 속에 숨은 내 그림자도
깊은 사색에 잠긴다

내 속에 공허함이 엄습하면
조용한 바람처럼 밀려나고
살며시 내 속의 나를 본다

가버린 세월
나밖에 없는 세상
내 속에 나는
고독 속에 그 무엇을 얻었는가

고독은 마음속에 나를 비추고
사색에 잠겨
나를 다시 비춰보고
내 속의 나를 다시 본다

국악의 아름다움

타악의 울림과 현의 떨림
버선코에 사뿐사뿐
동동 뛰는 춤사위에
한 마리 학이 되어 날아간다

하얀 치마 옷고름 나풀대고
부채 든 손놀림 섬섬옥수 같고
이리 돌고 저리 돌아
고고함의 자태 학이로다

은은함과 미소 띄움
그 속에 기쁨의 춤사위
슬픔의 한은 녹아내리고

가락마다 들려오는 부드러운
선율은 고운 자태 나비 같다

얼쑤 얼쑤 멜로디
귓가를 울리면

리듬에 녹아
덩실덩실 춤을 춘다

입춘

거친 눈보라 동토의 제국도
살랑 살랑 불어오는 미풍 머금은
입춘의 이름 앞에
고개를 조아리고
겨울을 힘차게 떠밀어 냈다

부푼 꽃봉오리 꿈을 실은 마차는
단장을 마치고
신장개업 간판을 달아
봄 손님 맞을 준비를 마쳤다

언 땅 깊숙한 곳에도 새롬의 생명을
잉태할 준비를 마치고
발을 구르고 뿌리를 내렸다

홍매화 가지에도 모진 풍파
갈라진 손발 아울러 만지고
서러움 다 견뎌내어
꽃봉오리 피울 날 기다린다

시샘하듯 찬바람이 심술을 부리지만
따사로운 순풍이 토닥토닥 잠재운다

자연을 품어

숲 사이로 햇살이 비추면
산딸나무 잎 반들반들 윤이 나고
네 잎의 하얀 꽃
바람에 물결처럼 넘실댄다

톡 건드리면 초록은 쏟아질 듯
파란 하늘은 작은 우주를 품은 듯
들판을 감싸 안았다

로즈 골드 꽃봉오리 풍성하고
시샘하듯
민들레 네올라 꽃나비처럼 나풀대고
자연은 꾸밈없는 그대로
기쁨으로 미소 짓고 교감한다

석양이 물든 들판에
개망초꽃 하얗게 흔들거리고
손짓하며 산들거리면
꽃 속으로 내 마음이 들어간다

계곡

큰 바위 작은 바위 어우러져
맑은 물 굽이치고 바람이 노래한다

흩어졌다 모였다
흐르는 계곡에 파랗게 이끼 낀
돌담이 근사하게 자리 잡고
돌 틈 사이 실버들 우아한
손짓으로 춤을 춘다

끝없이 흐르는 물 위에
낙엽 하나 떨어지면
내 마음 함께 실어 보내고

바람 소리 물소리 새소리
시간도 멈춘 듯 숨을 고르면
꿈속에서 시름을 잊는다

인생길 회한

싱그러운 청춘의 풋풋함
맑고 초롱초롱한 이슬처럼
처음처럼 순한 마음
가슴으로 가득 품었던 시절

솜사탕 같은 달달한 마음
포근하게 머물던 그 자리
싫든 좋든 편함이 익숙하고
때가 되면 익어가고 저물어 간다

바람은 붉게 물든 구름을
서산으로 밀어내고
뉘엿뉘엿 어둠이 깔리면

인생길 굽이굽이 돌고 돌아
그림자 새겨지고
되돌아본 청춘
회한의 쓴웃음 짓는다

진달래꽃 피고 지고

나른함의 속삭임
구름에 몸 맡기고
꿈결 같은 그리움
바람이 품은 봄의 숨결
봄날의 이야기 퍼져 나간다

머무는 봄바람
따사롭고 눈부시다
미소 띄운 꽃잎 졸립던 햇살

오솔길 옆 붉은 숨결 여기저기 숨은 듯
진달래꽃 영롱한 빛으로 물들이고
바람에 꽃잎 흔든다

속삭이듯 내 마음 흔들어
봄의 향기로 남겨놓고
피고 또 지는 꽃잎 되어
그리움으로 다시 피어난다

가고 없는 세월

지나 버린 세월의 강은 흐르고 또 흘러
찌든 물때로 흔적만 남기고
내 발자국 남긴 그 길 따라
걷고 또 걷는다

지나온 날들 흩어졌다 모였다
반복되는 추억 조각들
그 길은 되돌릴 수 없지만
스쳐 지나간 바람처럼 멍한 가슴에
아로새겨진 기억은 가슴으로 남아
그리움만 쌓여간다

세월의 강은 흐르고 또 흘러
허공 속 빈 메아리만 남기고
사라졌지만 추억을 좇고 있다

가고 없는 세월은 내 가슴속에
남아 있는 듯 늘 살아 숨 쉰다

하얀 눈 내리면

세상의 어둠은 하얗게 변하고
정적과 고요 속에
마음은 가라앉고 몸은 들뜬다

바람에 하얀 눈꽃 휘날리면
옛 추억의 그리움 뒤집어쓰고
아련함의 진한 향으로 되돌아본다

하얀 눈 또다시 내리면
희망의 신발 끈을 질끈 묶어
차분한 발자국 아로새기고
새로움의 날을 다시 시작한다

큰 빗자루

부서지고 무너진 가슴에
가루처럼 먼지처럼 흩어지고
뿌려지고 사라졌다

암흑에 드리운 잿빛 하늘에 노을은
어둠을 기다린다
진실의 정의도 어둠 속으로 숨바꼭질하나

산은 높을수록 그림자는 크게 드리운다
도도한 물줄기는 거침이 없지만
물길은 막히고 부서진 난파선은
널빤지에 의지한 채 삶을 구걸한다

땅은 위로 하늘은 아래로 얼음 속은 뜨겁다
끝없는 내 안의 양심은 나를 바라보고
가슴은 콩닥콩다 뜀박질한다
가슴은 뜨겁게 일렁이고
입술은 크게 흔들린다

하루살이 날파리에 수없는 곤두박질에

큰 빗자루에 마대자루가 필요하다

허공

텅 빈 공간 빈 메아리 되돌아오고
들리는 듯 들리지 않는
목소리 흩어지고 사라진다

숨겨둔 바람에 구름에 머물렀나
잠시 그림자만 비출 뿐
나는 누구인지 모른다

허공은 무심한 그림자인가
인생사
잠시 머물다 간 빛과 그림자 속에
녹아 있는 무형의 바람에
잠시 서성이는 그림자

대답 없는 허공 속
고요 속 빈 공간에'
내 그림자 잠시 보이는 것
어쩌면 내 마음
어쩌면 내 진심

봄이 오는 소리

잠이 든 겨울
긴 하품에 기지개 켜는 소리
차가운 바람에도
따스함의 숨결 들린다

마른나무 사이로 스며드는 바람에
걸따리에 차곡차곡
숨겨놓은 이야기
봄의 속삭임처럼 들리면
햇살은 맑은 미소를 띄운다

언 땅은 녹고
발버둥 치던 새싹은 꼼지락대고
마른 풀섶에 숨었던
달래 냉이 두 잎 벌려
혀를 날름거린다

고요 속 봄 아지랑이 피어나면
가슴으로 살며시
봄꽃을 피워본다

고독한 삶

고립된 삶 어둠의 골짜기
길어진 노년의 삶
수레바퀴 가득 실린 인생의 무게
컴컴한 등불마저 깜박인다

푸르름의 청춘
소박한 욕심이 아닌 꿈
화려함은 한때의 옛이야기
가는 길도 힘들고 험한데
채워도 채워지지 않는
빈 그릇만 쌓인다

요동치는 세상
황혼의 그림자 다가오고
싸늘한 시선 익숙한 거절에
입 다물고
쉬이 멈출 수 없는 발걸음 무겁다

존재의 의미는 가물거리고

흐린 하늘에 비가 내린다

바람이 세차게 나무를 흔든다

오월의 그날

그날의 함성
통한의 세월
피로 쓴 역사의 오늘
피 끓는 오월의 아픔에 절규한다

총칼에 스러져 간 꽃잎
길 위에 눕던 날
하늘도 분노한 눈물
남은 이의 슬픔
떠난 영혼을 위로한다

오월의 그날이 오면
멍한 가슴 응어리 되어 쌓이고
역사의 진실은 기억하며

낙화하는
오월의 봄꽃으로 남아 있다

흔적들만 남은

더디게 흐른 시간인데
세월은 바람처럼 지나가고
추억은 썰물처럼 나뒹군다

낙엽 된 세월
너털웃음 바람에 실려 가고
허공에 매달린 풍선의 꿈은
사라져 가고

잃어버린 마음은
차가운 겨울바람에 머물러 있다

흔적들만 남은
앙상한 가지에 내 마음 동여매고
잊혀져 가는 사라져 가는
그리움 속에서

우리들의 이름으로
또 다른 내일을
기억될 수 있기를